SV

Mit *Resonanz* hat Hartmut Rosa ein Konzept vorgeschlagen, um der hegemonialen und verdinglichenden Beschleunigung des Renten- und Spekulationskapitalismus entgegenzuwirken. Ihm zufolge wird die tiefgreifende Umgestaltung unserer Gesellschaften nur dann gelingen, wenn wir uns darauf einlassen, ein neues Verhältnis zur Welt einzugehen, das von einer »responsiven« Beziehung zu ihr geprägt ist. Worin könnte diese Resonanz konkret bestehen? Und vor allem, wie könnte sie der jüngeren Generation helfen, mit der Realität des Anthropozäns zu leben? Im Gegensatz zur Erziehung zur »Nachhaltigkeit« scheint Resonanz ein neues Paradigma zu sein, das eine andere Welt hervorbringen kann, in der sich Menschen und Nicht-Menschen nicht mehr gegenüberstehen würden. Es ist an der Zeit, so Rosa, darauf zu hören, was die Welt uns zu sagen hat ...

»Ein gehaltvolles und anregendes Buch.« *Le Vif*

Hartmut Rosa, geboren 1965, ist Professor für Allgemeine und Theoretische Soziologie an der Friedrich-Schiller-Universität Jena sowie Direktor des Max-Weber-Kollegs in Erfurt. Für seine Arbeiten erhielt er zahlreiche Auszeichnungen, u. a. den Tractatus- Preis, den Erich-Fromm-Preis, den Paul-Watzlawick-Ehrenring und den Gottfried Wilhelm Leibniz-Preis 2023.

Nathanaël Wallenhorst ist Professor und Dekan der Fakultät für Erziehungswissenschaften an der Université catholique de l'Ouest. Er hat etwa zwanzig Bücher über die politischen und pädagogischen Auswirkungen des Eintritts in das Anthropozän geschrieben und herausgegeben.

Christine Pries, geboren 1961, ist Philosophin und Übersetzerin, u. a. von Danielle Allen, Wendy Brown, Barbara Cassin, Dipesh Chakrabarty, Philippe Descola, Didier Fassin und Jean-François Lyotard.

Hartmut Rosa

BESCHLEUNIGEN WIR DIE RESONANZ!

Bildung und Erziehung im Anthropozän

Gespräche mit
Nathanaël Wallenhorst

Aus dem Französischen
von Christine Pries

Suhrkamp

Die Originalausgabe erschien 2022 unter dem Titel
Accélérons la résonance! Pour une éducation en Anthropocène. Entretiens avec Nathanaël Wallenhorst
bei Éditions Le Pommier/Humensis, Paris.

Klimaneutral
Druckprodukt
ClimatePartner.com/14438-2110-1001

Erste Auflage 2024
suhrkamp taschenbuch 5356
Deutsche Erstausgabe

Umschlaggestaltung: Brian Barth, Berlin
Druck und Bindung: CPI Books GmbH, Leck
Printed in Germany
ISBN 978-3-518-47356-6

www.suhrkamp.de

BESCHLEUNIGEN WIR
DIE RESONANZ!

Vorwort

Der Welt zuhören lernen ..., um unsere Gesellschaften zu verwandeln

Bevor ich im Juni 2016 zu meinem Treffen mit Hartmut Rosa aufbrach, hatte ich die Originalausgabe des Buches *Resonanz* gelesen (das erst zwei Jahre später ins Französische übersetzt wurde). In seinen beiden vorherigen Werken, *Beschleunigung* sowie danach *Beschleunigung und Entfremdung*, war es Rosa gelungen herauszuarbeiten, in welchem Maße unsere Gesellschaften sich nur noch auf dynamische Weise zu stabilisieren vermögen. Letztendlich brauchen sie das Wachstum, obwohl es wesentlich zur Entfremdungserfahrung in der Gegenwart beiträgt! In *Resonanz* hat Rosa es gewagt, Leitlinien zu entwerfen, die einer hegemonialen und Verdinglichung hervorrufenden Beschleunigung abhelfen sollen, welche uns alle in sich immer schneller in ihren Rädchen drehende, schlussendlich aber auf der Stelle tretende Hamster verwandelt.

Rosas Überlegungen waren begrüßenswert: Wir seien nicht dazu verurteilt, an einem Burnout zugrunde zu gehen; ein Leben jenseits der Beschleunigung, die dem unsere Gesellschaften vergiftenden Kapitalismus der Rentiers und der Spekulation innewohnt, sei möglich. Wie? Indem die Resonanz wachgehalten wird. Das deutsche Wortfeld, von dem dieser Begriff seinen Ausgang nahm, ist durch zwei Wesenszüge gekennzeichnet, die für die soziologische Tradition Frankreichs ungewöhnlich sind: durch die Mobilisierung der existenziellen Komponente des Menschseins und durch die Formulierung eines zukunftsorientierten Denkens auf gesellschaftskritischer Basis. Darüber musste ich mehr erfahren.

Im selben Zeitraum las ich eine Reihe von geowissenschaftlichen Aufsätzen über das Anthropozän, also jene neue geologische Epoche, die gekennzeichnet ist durch eine dauerhafte Veränderung der Bewohnbarkeitsbedingungen der Erde für die uns bekannten Gesellschaften. Unter den Autor:innen der etwa zehn wissenschaftlichen Aufsätze auf meinem Schreibtisch bestand der eindeutige Konsens, dass die menschlichen Aktivitäten das Erdsystem *mindestens* für die nächsten Zehntausende von Jahren verändert haben.

Was in dieser wissenschaftlichen Literatur *bei uns* für diese historisch beispiellose Zerstörung des Lebendigen verantwortlich gemacht wurde, nannte sich »Imperialismus«, »Herrschaft«, »Kapitalismus«, »Konsumismus«, aber auch und vor allem »Große Beschleunigung«. Mit diesem Ausdruck wird in der Forschung die Art und Weise bezeichnet, wie ab den 1950er Jahren ein mit einem Anstieg der menschlichen Bevölkerung gepaarter exponentieller Konsum das gesamte Erdsystem auf einen aberwitzigen Kurs gebracht und einen für das menschliche Leben in Gesellschaften ungeeigneten Horizont eröffnet hat. »Große Beschleunigung« war der andere Name des »Anthropozäns«.

Und auf einmal schlug ein deutscher Soziologe unabhängig von einer Analyse der Großen Beschleunigung des Anthropozäns eine Lösung für die Beschleunigung in den Gesellschaften der Gegenwart vor: die Resonanz! Was wäre, wenn ... Rosas Resonanz das Zeug hätte, die Große Beschleunigung des Anthropozäns einzudämmen – und auf diese Weise die Chronik einer angekündigten Apokalypse zu umgehen?

Als ich den Soziologen von der Universität

Jena kennenlernte, suchte ich gerade nach einer Möglichkeit, wie sich das Denken über Bildung und Erziehung neu begründen ließe. Sind Bildung und Erziehung nicht die glaubwürdigsten politischen Mittel, um in dieser neuen geologischen Epoche einen tiefgreifenden und dauerhaften Wandel herbeizuführen? De facto scheinen die Bildungs- und Erziehungstraditionen unserer westlichen Gesellschaften auf ein beispielloses Scheitern hinauszulaufen: Es ist uns nicht gelungen, den Beginn des Anthropozäns zu verhindern. Auch die Erziehung zur Nachhaltigkeit hat es nicht vermocht, wirkmächtige paradigmatische Neuerungen für die Heraufkunft einer Welt zu entwickeln, die eben nicht dem Untergang alles Lebens die Bühne bereitet.

Deshalb empfiehlt es sich, die Zweckmäßigkeit aller Formen von Erziehung zu hinterfragen. Besteht diese darin, die Schüler:innen an den jetzigen Gang der Gesellschaften anzupassen – in dem Wissen, dass diese gerade den Ast absägen, auf dem wir sitzen? Oder besteht sie eher darin, an der Transformation unserer Gesellschaften zu arbeiten, damit sie den Weg zu ihrem Fortbestand finden? In diesem Fall würde sich die Aufgabe schulischer Bildung nicht auf den Wissenserwerb und auf die »Kapitalisierung eines Portfolios von Kompetenzen« beschränken, wie es in der im Denken über Bildung und Erziehung mittlerweile üblichen ökonomischen Ausdrucksweise heißt. Sondern darum, zu lernen, darüber hinauszugelangen. Was fangen der kleine Leo und die kleine Lea mit ihrem Wissen an, nachdem sie Lesen, Schreiben und Rechnen gelernt haben?

An dieser Stelle hat die im eigentlichen Sinne politische Zweckmäßigkeit schulischer Bildung, über welche das Anthropozän uns nachdenken lässt, ihren Auftritt. Wir sind solch eine politische Inanspruchnahme schulischer Bildung nicht mehr gewohnt, seit Pädagog:innen und Lehrkräfte vollständig verinnerlicht haben, dass sie »im Unterricht keine Politik machen« sollen. Dennoch: Es geht durchaus darum, im Denken über Bildung und Erziehung in dem Moment neue Paradigmen zu entwickeln, wo eine neue Etappe eingeläutet wird – eine Etappe, deren Bedeutung vergleichbar ist mit der Phase, die während der ersten Jahrtausende des Holozäns, also in der vorherigen geologischen Epoche, ablief. Seit ihren Anfängen vor 11 700 Jahren haben ihre erstaunliche klimatische Stabilität und Berechenbarkeit die Entstehung von Landwirtschaft und Viehzucht, die Sesshaftigkeit des *Homo sapiens* und im Anschluss daran die Sedimentierung von Bildungs- und Erziehungstraditionen ermöglicht. Verfügt die Resonanz über genügend politische Kraft, um Erziehung und Bildung im Anthropozän neue Wege zu bahnen?

Hartmut Rosa zufolge wird sich eine tiefgreifende Transformation unserer Gesellschaften erst dann vollziehen, wenn wir in ein neues Verhältnis zur Welt eintreten, welches gekennzeichnet ist durch eine responsive, der Welt das Hören und uns das mit ihr Sprechen erlaubende Beziehung. Es geht nicht vorrangig darum, die Welt zu verstehen, um Hand an sie zu legen und sie mit Hilfe unserer technischen Artefakte neu zu organisieren, sondern schlicht und einfach darum, eine Beziehung mit ihr einzugehen. Der Begriff »Resonanz« wird nur vor dem Hintergrund verständlich, dass der Mensch seine Existenz mit allen menschlichen und nichtmenschlichen Erdbewohner:innen teilt.

Machen wir uns, mit Hartmut Rosa, auf, dieser Welt zuzuhören, die sich unaufhörlich an das Wagnis Mensch wendet. Weil wir Menschen erziehbar sind, sollten wir niemals aufhören zu denken, zu kämpfen und zu träumen!

N. W.

Unter dem Druck der Beschleunigung lernen

N.W. Wie Sie in Ihren Arbeiten dargelegt haben, Hartmut Rosa, ist die heutige Zeit insgesamt durch eine Logik der Beschleunigung gekennzeichnet. Diese hat die Art und Weise, wie wir lernen, genauso verändert wie unsere Lerngegenstände. Könnte man sagen, dass viele der Dinge, deren Erlernen der Beschleunigung in der Gegenwart Vorschub leistet, sich damit begnügen, uns bloß über Wasser zu halten? Schließlich ist unsere Umwelt in ständiger Bewegung, weshalb es wichtig ist, unsere Kenntnisse zu aktualisieren, damit wir mit ihr Schritt halten können. Wäre dies nicht ein Ausdruck von Individualismus? Denn niemand kann mich statt meiner an meiner Stelle halten, und wenn ich mich über Wasser halte, kümmere ich mich allein um mich selbst. Im Leben der Menschen führt die Beschleunigung des sozialen Wandels zu häufigeren sozioprofessionellen Umorientierungen. In solchen Übergangsphasen werden die Individuen instabiler, weil sie eine neue Entwicklung durchlaufen. Sind sie währenddessen nicht besonders auf sich selbst und auf die Neugestaltung ihrer Existenz konzentriert? Kurz gesagt: Machen wir insgesamt Fortschritte?

H. R. Ich denke tatsächlich, dass wir durch die sehr starke Beschränkung auf das Subjekt selbst so etwas wie den Sinn unseres In-der-Welt-Seins verloren haben. Der Sinn des Zusammenlebens ist erheblich in Mitleidenschaft gezogen worden. Selbstverwirklichung und Entscheidungen über die eigene Existenz gehören zu den Wesenszügen der Gegenwart, die den Individualismus verstärken. Ein gelungenes Leben beruht auf dem Gedanken der Selbstbestimmung und der Autonomie. Was heißt Leben in der heutigen Zeit? Zu weiten Teilen handelt es sich dabei um »existenzielle Entscheidungen«.

Auf kultureller Ebene wissen wir nicht mehr genau, was ein gutes Leben ist und welche Art von Bindungen zu den anderen und zur Welt wir brauchen. Was ist ein gutes Leben? Auf diese Frage wissen wir keine Antwort. Wir haben ein Stadium erreicht, in dem es heißt, wir müssten diese Frage offenlassen. Gleichzeitig sind wir davon überzeugt, dass es, damit uns ein gutes Leben gelingt, besser ist, über bestimmte Ressourcen zu verfügen, als nicht über sie zu verfügen. Schon John Rawls hat einen ähnlichen Gedanken formuliert: Es gibt keine Erzählungen oder Darstellungen, die erklären, was ein gutes Leben sein könnte, aber es gibt Güter, über die man besser in ausreichendem statt in geringem Maß verfügen sollte.

Meinem Eindruck nach handelt es sich dabei um das Programm, das wir auf individueller Ebene anzuwenden gezwungen sind. Da wir nicht genau wissen, was ein gutes Leben ist, sagen wir uns, wir werden sehen, ob uns ein gutes Leben gelingt, aber vorher ist es wichtig, eine gewisse Anzahl von Gütern erworben zu haben.

1. So sei es erstens wichtig, ökonomisches Kapital anzuhäufen.

2. Aber außerdem sollte man kulturelles Kapital aufbauen ... Vor allem muss ich über eine gewisse Menge an Wissen und an Know-how verfügen, das zudem ständig von neuem aktualisiert werden sollte; ich muss Fremdsprachen erlernen, meine Kenntnisse in Informatik verbessern ...

3. Überdies ist es absolut notwendig, dass ich

soziales Kapital besitze: Ich muss über Beziehungen, Verbindungen und Netzwerke verfügen ... (An diesem Punkt lässt sich übrigens feststellen, dass wir in der heutigen Zeit nie hundertprozentig sicher sein können, über was wir verfügen, weil die Bekanntschafts- und Freundschaftsnetzwerke sehr flüchtig geworden sind und sich beständig wandeln.) Dieses soziale Kapital muss erhalten werden, und wir müssen unsere Freunde einladen, um unsere Freundschaften zu pflegen. Sogar die familiären Beziehungen sind keine sichere Bank mehr, und wenn wir nicht genug in sie investieren, können wir die Verbindung zu den Mitgliedern der eigenen Familie verlieren.

4. Am wichtigsten ist schließlich das physische Kapital: Wir müssen auf unsere Gesundheit, unsere Ernährung, unsere physische Attraktivität achten und zeigen, dass wir in Form sind.

Auf diese Weise sind wir ständig damit beschäftigt, unsere Ressourcenbasis zu verbessern: unser Einkommen sicherzustellen, unsere Bekanntschaften aufrechtzuhalten, unsere Beziehungen nicht zu vernachlässigen, unsere Körper zu pflegen. Dahinter steht der Gedanke, dass wir, wenn wir uns ausreichend unseren Ressourcen widmen, Zugang zu einem guten Leben erlangen können. Doch ... wir erreichen dieses Stadium nie, weil unsere Ressourcenbasis immer wieder bröckelt. Wir müssen jenes Kapital ständig neu investieren, damit es sich nicht erschöpft. Man hört nicht selten jemanden sagen: »Ich bin sehr gestresst und habe für nichts Zeit, aber wenn ich im Ruhestand bin, fängt das wahre Leben an.« Doch dann wird es zu spät sein, weil wir aus den Augen verloren haben, was ein gutes Leben wirklich ist. Ich glaube, es stimmt, was Sie gesagt haben: Wir müssen unsere Ressourcen vervielfachen und uns ständig über Wasser halten.

N.W. Durch die neuen Technologien, die beruflichen und familiären Veränderungen oder die Notwendigkeit, sehr schnell eintretende, unvorhersehbare Situationen zu erfassen, sind wir zu lebenslangem Lernen aufgefordert. Kann man sagen, dass die Beschleunigung uns zum Lernen zwingt und dass es sich um eine Gelegenheit zum Lernen handelt? Was lernen wir in dieser durch Beschleunigung geprägten Phase?

H. R. Wir leben in einer Gesellschaft, die sich auf dynamische Weise weiterentwickelt und verändert und in der sich alles beschleunigt. Unsere Gesellschaft kommt nicht zum Stillstand, für ihre Weiterexistenz müssen ihre Bewegungen immer schneller werden, und sie benötigt ständig neue Erkenntnisformen. Das hat schon Goethe gesagt, als er seine Epoche (mit einem aus den Worten *velocitas,* »Geschwindigkeit«, und Luzifer gebildeten Neologismus) »veloziferisch« nannte. Von seinem Standpunkt aus war für seine Epoche Geschwindigkeit charakteristisch. Er hat sich diese Tendenz dadurch erklärt, dass wir unsere Kenntnisse immer weiterentwickeln und ständig unsere Denkweise ändern müssen. Für Goethe war es normal, dass die Folgegeneration lernte (Dinge zu tun, zu arbeiten, eine Hütte zu bauen, Tiere zu jagen, Riten zu vollführen ...). Vor allem war es für ihn selbstverständlich, dass es sich nach einigen Jahren empfiehlt, diese Kenntnisse aufzufrischen. Erstaunlich, so etwas von Goethe zu hören! Dieser Befund entspricht meiner eigenen Diagnose: Die heutige Epoche ist dadurch gekennzeichnet, dass sie sich weiterentwickeln muss, um ihre Existenz zu gewährleisten.

Daraus ergibt sich die Vorstellung vom lebenslangen Lernen. Nach einer gewissen Anzahl von Jahren müssen wir unser Wissen und unser Know-how erweitern. Ein Computer und seine Programme entwickeln sich weiter und veralten rasch. Die Kommunikationsweisen wandeln sich kontinuierlich: Ab einem bestimmten Zeitpunkt hat auf einmal jeder E-Mails verschickt. Mittlerweile verschicken die Menschen nicht nur weiterhin E-Mails, sie sind auch auf Facebook und nutzen außerdem WhatsApp ... Und in ein paar Jahren müssen wir uns alle »umorientieren«.

Wir leben in einer Epoche, die von uns verlangt, dass wir uns schnell neuen Techniken und neuen Sozialpraktiken anpassen. Wir machen die Erfahrung, dass wir immer seltener Zeit haben. Aus diesem Grund erfinden wir immer schnellere Technologien, damit wir Zeit gewinnen. Doch mittlerweile haben wir lernen müssen, dass dieser Plan nicht funktioniert. Durch die neuen Technologien werden unsere Lebensbedingungen nicht besser. Und ich glaube in der Tat, dass wir in einer Zeit leben, in der wir gezwungen sind, anders zu lernen.

Beschleunigung oder Entschleunigung?

N. W. Was sollen wir heute tun: beschleunigen oder entschleunigen? Die Frage nach Beschleunigung oder Entschleunigung ist zutiefst politisch. Ursprünglich war der Konservatismus eher misstrauisch im Hinblick auf Beschleunigung. Der Progressismus ist eher akzelerationistisch, also auf Beschleunigung aus. Doch Sie schreiben, dass seit einigen Jahrzehnten eine Umkehrung in Gestalt liberal-konservativer Kräfte zu erkennen ist, die »für eine Beschleunigung sozioökonomischer Prozesse und technologischer Prozesse bei gleichzeitiger Abnahme politischer Kontrolle« optieren.[1] Den Progressismus treibt nicht mehr die Ideologie des technischen und gesellschaftlichen Fortschritts an, sondern die Aufmerksamkeit für Umweltfragen und das Streben nach einem Rückgang des Wachstums, das dezelerationistisch, also auf Entschleunigung aus ist. Mit *#Accelerate*, dem 2013 erschienenen »Manifest

1 Hartmut Rosa, *Beschleunigung und Entfremdung. Entwurf einer kritischen Theorie spätmoderner Zeitlichkeit* (2010). Aus dem Englischen von Robin Celikates, Berlin: Suhrkamp, [5]2016, S. 103.

für eine akzelerationistische Politik« von Nick Srnicek und Alex Williams[2], haben wir im zeitgenössischen politischen Denken etwas eher Innovatives erlebt, das anregend für das Denken, aber mit zahlreichen Problemen behaftet ist. In diesem Manifest wird ein »progressives«, auf Akzelerationismus beruhendes Denken entwickelt, das die Fortschrittsideologie wiederbelebt. Es hat eine Polemik ausgelöst und weltweit Aufsehen erregt. Kennen Sie dieses Manifest? Was meinen Sie: Muss beschleunigt oder entschleunigt werden?

H. R. Dieses akzelerationistische Manifest wirft eine stichhaltige Frage auf, insofern Srnicek und Williams zu Recht schreiben, dass der Wille zur Verlangsamung sinnlos ist. Ich deute dies als Kritik an der Ideologie des »Slow«: langsam essen, langsam denken, langsam leben ... Ich teile ihren Standpunkt aus zwei Gründen.

Erstens können wir die Dinge nicht einfach

2 Nick Srnicek, Alex Williams, »#Accelerate. Manifest für eine akzelerationistische Politik«. Aus dem Englischen von Samir Sellami und Frederik Tidén, in: Armen Avanessian (Hg.), *#Akzeleration*, Berlin: Merve, 2013, S. 21-39.

lassen, wie sie sind, und langsam handeln. Die meisten *Slow*-Bewegungen sind ausgesprochen okkasionell. So macht man zum Beispiel Samstagabend *Slow Food*, man kocht langsam, aber die übrige Woche lebt man gehetzt. Es handelt sich bloß um eine kleine Oase, die unser In-der-Welt-Sein nicht verändert. Es genügt nicht, wenn wir die Dinge einmal in der Woche langsam angehen lassen oder einmal in der Woche ein Segment unseres Lebens verlangsamen.

Zweitens ist Langsamkeit als solche keine Tugend und nicht erstrebenswert. Ein langsam eintreffender Notarzt oder eine langsam anrückende Feuerwehr sind keine Errungenschaft. Genauso kann eine zu langsame Internetverbindung schnell zur Qual werden. Beschleunigung wird erst in dem Moment zu einem Problem, wo Entfremdung eintritt, in dem Moment, wo wir uns die Dinge nicht mehr zu eigen machen können, wenn wir nicht mehr in eine Resonanzbeziehung zur Welt eintreten können. Mir scheint, die Adepten der Langsamkeit sehnen sich in Wirklichkeit nach etwas anderem als nach Langsamkeit. Sie möchten ein anderes In-der-Welt-Sein, und sie möchten tiefere Beziehungen mit der Welt und mit den anderen eingehen. Mir scheint, als ließe sich hinter dieser Ideologie der Wunsch nach einer resonanzträchtigen Beziehung zur Welt vernehmen. In dieser Hinsicht teile ich ihren Standpunkt. Ich denke nicht, dass es allein um die Frage der Langsamkeit geht.

Die Akzelerationisten fassen Beschleunigung hingegen als etwas Gutes auf. Ihrer Ansicht nach soll vor allem auf der Ebene der Technik alles beschleunigt werden, was sich beschleunigen lässt.

N. W. Die akzelerationistische Bewegung ist also eigentlich sehr prometheisch.

H. R. Ganz genau!

N. W. Das ist der Punkt, der meiner Ansicht nach im akzelerationistischen Manifest und in der in verschiedenen Ländern entstehenden akzelerationistischen Bewegung ernsthaft hinterfragt werden kann. Ihre Grundannahme ist ein Prometheismus, der Transhumanismus für begrüßens- und wünschenswert hält. Die prometheische Anthropologie dahinter fasst Grenzen als etwas auf, das eher verschoben denn akzeptiert und hingenommen werden muss. Die im Zuge von Srniceks und Williams' Akzelerationismus entwickelte Kapitalismuskritik hat einen toten Winkel: Sie nehmen nicht wahr, dass die anthropologische Wurzel des Kapitalismus im Prometheismus und in der Nichtakzeptanz von Grenzen liegt. Denn darauf gründet der Kapitalismus. Letztendlich kann es zu Postkapitalismus nur vor dem Hintergrund der Akzeptanz unserer durch den Tod markierten anthropologischen Endlichkeit kommen.

H. R. Ich teile Ihren Standpunkt voll und ganz. Eine solche Affirmation der Beschleunigung enthält mindestens zwei Irrtümer. Der erste ist das vorbehaltlose Akzeptieren der Technik und all ihrer Verwirklichungsmöglichkeiten eines besseren Lebens und einer besseren Gesellschaft ohne irgendeine Konzeption, was ein gutes Leben ist. Wir brauchen einen Kompass, der uns erlaubt zu erkennen, was ein besseres Leben und eine gelungene Gemeinschaft ist.

N. W. Im Grunde genommen schreibt die akzelerationistische Strömung sich in das Raster von Möglichkeit und Unmöglichkeit und nicht von

Befugt- und Verbotensein ein. Was möglich ist, soll allein deshalb verwirklicht werden, weil es möglich ist.

H. R. Ja. Dem entspricht eine blinde Utopie des Machbaren, des mit Hilfe der Technik Realisierbaren. Etwas an den Akzelerationisten erinnert mich an die Futuristen, zum Beispiel an Filippo Tommaso Marinetti, dessen Leben nicht minder problematisch gewesen ist. Eine derartige Sehnsucht nach Machbarkeit ist ein wirkliches Problem, eine ausnahmslos prometheische Herangehensweise an die Welt. Dieses akzelerationistische Manifest und die Ideologie, die darin entwickelt wird, verstärken das Problem, anstatt es zu lösen. In unserer Spätmoderne ist diese Logik dynamischer Stabilisierung nämlich mit einer Vision vom Leben in Gruppen verbunden, die auf deren weltumspannende Erweiterung setzt. Wir hören nicht auf zu versuchen, die Welt zu erobern, sie zugänglicher zu machen und sie unter unsere Kontrolle zu bringen. Ich führe diesen Gedanken in *Resonanz* aus. Darin besteht das Versprechen jedweder neuen Technologie. Wenn ein junger Mensch Fahrrad fährt, kann er ins Nachbardorf gelangen. Mit einem Auto kann er bereits in eine Kleinstadt fahren. Wenn ich das Flugzeug nehme, kann ich das Wochenende in London oder Berlin verbringen und die ganze Welt bereisen. Die Technik macht die Welt verfügbar und zugänglich; sie gibt mir Macht über sie. Ganz zu schweigen vom Smartphone, das mir aus meiner Hosentasche heraus Zugang zur Welt verschafft. Mit einem so kleinen Gerät sind all meine Freunde erreichbar! Ich habe Zugang zum gesamten Weltwissen, zu allen Bildern der Welt, zu Musik auf der ganzen Welt. Eines der Ziele der heutigen Zeit besteht darin, die Welt zugänglich zu machen. Wir wollen über sie verfügen. Dabei handelt es sich tatsächlich um ein prometheisches Programm.

Herbert Marcuse hat diesbezüglich geschrieben, die Welt werde zu einem aggressiven Ort. Die Welt bietet sich uns dar, und wir wollen über sie verfügen, Hand an sie legen und sie verdinglichen. Die Herrschaft über die Welt ist die kulturelle Komponente jener dynamischen Stabilisierung. Doch die Kehrseite der Medaille besteht darin, dass die Welt taub wird: Was ich besitze, was ich kontrolliere und worüber ich verfüge, spricht nicht mehr zu mir.

Deshalb glaube ich, dass das akzelerationistische Propagieren des Prometheismus ein Irrtum ist. Wir müssen ganz im Gegenteil eine andere Beziehung zur Welt unterhalten, die Herbert Marcuse als erotische, nicht auf dem Willen zur Verdinglichung beruhende Beziehung zur Welt bezeichnet hat. Es geht darum, die Welt von neuem zum Sprechen zu befähigen. Die Akzelerationisten haben kein Interesse an einer gelungenen Beziehung zum anderen oder an einer auf Resonanz und nicht auf Verdinglichung gründenden Beziehung zur Welt. Und deshalb tragen sie zur Verschlimmerung des Problems bei.

N. W. Und was halten Sie von der transhumanistischen Offenheit dieses prometheischen Programms?

H. R. Wenn wir fortfahren wollen, immer schneller zu leben und zu arbeiten, ist das transhumanistische Programm legitim. Wir wären gezwungen, eine physische und psychische Verbindung mit Maschinen einzugehen. Im Grunde genommen ist das beinahe schon eingetreten. Dessen sollten wir uns bewusst sein. Wir sind fast so weit, unser

Gehirn mit Maschinen zusammenzulegen, unsere Wahrnehmungsorgane der Kontrolle von Chips zu überlassen, die Leistungsfähigkeit unseres Gedächtnisses zu erhöhen, die Funktionsweise unseres Körpers künstlich kontrollieren zu lassen ... Schrittweise werden wir tatsächlich imstande sein, Wesen zu erschaffen, die noch schneller zu gehen und noch dynamischer zu sein vermögen, als wir es jetzt sind. Wie Ihnen erscheint mir eine solche Aussicht in der Tat albtraumhaft. In manchen Hinsichten sind wir wirklich zu töricht! Man muss sich bloß die Nachrichten ansehen, um zu erkennen, wie dämlich sich die Menschen verhalten und wie wenig es uns gelingt, die kleinsten Probleme zu beheben ... Es gelingt uns nicht, das ökologische Problem zu lösen, wir werden die Europäische Union auseinanderbrechen lassen, es gelingt uns nicht, Frieden zu schaffen im Nahen Osten, den Kampfhandlungen in der Ukraine Einhalt zu gebieten ... Der Kalte Krieg kehrt zurück, in den Vereinigten Staaten lässt Donald Trump seine Sermone vom Stapel, die Engländer haben für den Brexit gestimmt ... Die einzige Hoffnung, die diesem ganzen Schlamassel zu entspringen scheint, ist die Aussicht, sich mit Computern und Technologie zusammenzutun! Dieser Standpunkt ist zwar etwas zynisch, aber ist es nicht frustrierend festzustellen, wie dämlich wir sind?

N. W. Könnten wir an dieser Stelle nicht wie Avanessian zwischen Beschleunigung und Geschwindigkeit unterscheiden?[3] Der Begriff »Beschleunigung«, den Sie verwenden, ist mit »accélération« ins Französische übersetzt worden. Ich frage mich, ob es nicht sinnvoller wäre, ihn mit »vitesse« (oder im Englischen mit »speed«) zu übersetzen und den Begriff »Akzeleration« der »accélération« (oder »acceleration« im Englischen) vorzubehalten. Mir ist klar, dass die Dinge nicht so einfach sind, weil der Begriff »Geschwindigkeit« im Deutschen ebenfalls »vitesse« bedeutet, während Sie doch »Beschleunigung« verwenden. Jedenfalls würde eine solche Unterscheidung es nicht gestatten, von »vitesse« zu sprechen, um jene in eine einzige Richtung gehende blinde Ge-

3 Armen Avanessian, »Accélérer l'université«. Aus dem Deutschen von Gilles Darras, in: Laurent de Sutter (Hg.), *Accélération!*, Paris: Presses universitaires de France, 2016, S. 225-251, hier 238.

schwindigkeit zu bezeichnen, die wir unter Beweis stellen, wenn wir dieselben Dinge schneller machen, um ungefähr an denselben Ort zu gelangen, und mit dem Begriff »accélération« würde ausschließlich jener Gangwechsel oder jene in viele Richtungen gehende, eher in den Bereich der Erkundung und Entdeckung von Unbekanntem fallende, »unbeirrbare Akzeleration«[4] kenntlich gemacht werden? In gewissen Hinsichten würde »Akzeleration« die gegenwärtige »Beschleunigung« ausgleichen oder beheben. So lautet im Übrigen eine der akzelerationistischen Thesen von Srnicek und Williams. Wäre es nicht sinnvoll, die Geschwindigkeit zu verlangsamen, aber die Akzeleration, die Entdeckungen und die Innovationen voranzutreiben? Wie ließe sich eine Akzeleration denken, die nicht auf ein »Auf-der-Stelle-Treten« verweist?

H. R. Ja, vielleicht ... Doch ich glaube, man müsste zwischen den Begriffen »Beschleunigung« (»accélération«) und »Fortschritt« unterscheiden. Das scheint mir die wichtigste Unterscheidung zu

4 Ebd.

sein, die man vornehmen muss. Ich glaube, dass jenes Projekt einer dynamischen Stabilisierung, das offenkundig eng mit der Idee des Fortschritts zusammenhängt, bereits im 18. Jahrhundert die Grundlage der Moderne bildete. Damals dachte man, dass der Mensch dank der Dynamisierung, des wissenschaftlichen Fortschritts, der Technik und des Zeitgewinns in der Lage sei, seine Grenzen, Mangel, Hunger und Armut zu überwinden. Dies sollte ein besseres In-der-Welt-Sein erlauben und ganz einfach ein besseres Leben bewirken. Ich glaube sogar, dass die Hoffnung auf Resonanz mit der Welt die Dynamisierung bzw. Beschleunigung in Gang gesetzt hat. Damals lag die Idee in der Luft, dass es möglich sein müsse, Kontakt mit einem Teil der Welt aufzunehmen, sodass diese zu uns spricht und sich zwischen der Welt und uns Resonanz einstellt – was ich in *Resonanz* ausgeführt habe.

Anschließend hat die Fortschrittsidee an Glanz verloren. Niemand glaubt mehr, dass wir durch die Erhöhung der Produktivität und der ökonomischen Effizienz den Mangel überwinden werden, im Gegenteil: Der ökonomische Wettbewerb ist härter geworden, die asiatischen Staaten übertreffen die westlichen, die lateinamerikanischen holen sie ein, Afrika taucht auf dem Markt auf, und die Ressourcen schwinden ... Die Hoffnung auf ein Fortschreiten in eine bessere Welt hat ihren Glanz eingebüßt. Wir sind vom tendenziellen Voranschreiten zur tendenziellen Stagnation übergegangen. Das Phänomen ist deutlich wahrnehmbar in den Äußerungen von Eltern, die nach ihrer Arbeitsmotivation und nach ihren Träumen gefragt werden. 250 Jahre lang haben sie unmissverständlich geantwortet, dass sie hart arbeiten, damit ihre Kinder es einmal besser haben würden als sie. Sie wünschten sich, dass ihre Kinder in einer Welt lebten, mit der sie in einer engeren Resonanzbeziehung ständen. In einem großen Teil der Welt außer vielleicht in Asien sagen die Eltern das heute nicht mehr. Sie sagen ganz im Gegenteil, dass sie hart arbeiten, damit die Lebensbedingungen ihrer Kinder sich nicht weiter verschlechtern und sie versuchen können zu bewahren, was aufgebaut worden ist. Darin besteht der ganze Unterscheid zwischen einer vorwärtsschreitenden Dynamik und einer Dynamik des Stillstands, die nicht mehr vorankommt.

Das Streben nach einem »guten Leben«

N. W. Was ist nun aber Ihrer Meinung nach ein gutes Leben, Hartmut Rosa?

H. R. Wenn wir danach gefragt werden, wann wir die Erfahrung eines gelungenen Lebens gemacht haben, besteht unsere Antwort nicht darin, dass wir von den Momenten erzählen, in denen wir die Quantität unserer Ressourcen erhöht haben, sondern eher darin, dass wir die Momente schildern, in denen wir Kontakt mit jemandem oder etwas aufgenommen haben, der oder das uns wichtig war. Wir denken an Personen, die für uns von entscheidender Bedeutung waren oder uns innerlich bewegt haben. Wir denken an ein Buch, das wir gelesen haben, an eine Landschaft, in der wir uns aufgehalten haben, an eine Melodie, die uns berührt hat, an einen Literaturliebhaber, den wir darüber haben sprechen hören, was er gerne liest ... Wenn wir andere Menschen fragen, was für sie im letzten Jahr die wichtigste Erfahrung gewesen oder was ihnen als der gelungenste Augenblick ihres Lebens erschienen ist, werden sie fast immer eine Geschichte erzählen, in deren Verlauf sie mit Kindern gespielt haben, oder von Momenten, in denen sie sich engagiert haben, in denen sie sich etwa für Flüchtlinge eingesetzt haben, usw. Wahrscheinlich fahren sie zum Beispiel mit der Erklärung fort, dass sie in den Augen von ihresgleichen gesehen haben, was jener Moment ihnen bedeuten könnte. Und häufig endet die Geschichte folgendermaßen: »Diese Erfahrung hat mich berührt, sie hat mich innerlich bewegt.« Das heißt, wir nehmen die Art und Weise, wie wir zu jemandem eine Beziehung aufnehmen, als eine Form des Gelingens wahr. Es ist also ganz besonders wichtig, den Unterschied hervorzuheben, der zwischen Autonomie und Resonanz besteht.

N. W. Mir scheint Ihr Verständnis von Autonomie eines der Hauptmerkmale der Gegenwart und der Beschleunigungsgesellschaft zu sein: Jeder ist beim Bilden seiner Ressourcen und deren Fruchtbarmachen auf sich allein gestellt. Das Individuum tritt immer als zentraler Bezugspunkt der Autonomie auf. Womit könnte dagegen die Resonanz Ähnlichkeit haben? Worin liegt ihr zentraler Bezugspunkt: Ist es mein Leben oder ist es die Welt? Oder aber die Existenz als Schnittstelle oder Bindeglied zwischen meinem Leben und der Welt?

H. R. Offen gestanden, weder das eine noch das andere. Der Untertitel meines Buches lautet »Eine Soziologie der Weltbeziehung«, und darauf kommt es mir an: auf die Beziehung zwischen dem Subjekt und der Welt, denn es gibt kein vollständig in sich abgeschlossenes Subjekt und keine vollständig in sich abgeschlossene Welt; und die beiden nehmen Kontakt miteinander auf. Die Resonanz ist am Werk, wenn es zu einer Begegnung mit einem anderen kommt.

Die erste Begegnung ist in der Regel die mit der Mutter – schon als Embryo, bevor die Welt überhaupt einen Sinn haben kann. Die Resonanz verweist auf die Herstellung einer Beziehung mit einem anderen. Jedes Subjekt verfügt über Erfahrungen, die das Ergebnis seiner Weltbeziehung sind.

N. W. Wenn ich Sie richtig verstehe, gibt es lediglich einen relationalen zentralen Bezugspunkt?

H. R. Ja, ich würde in der Tat sagen, dass die Beziehung die Basis ist. Subjekt wie Welt sind bereits das Ergebnis einer Beziehung. Mit dem Blick oder der Stimme des anderen begegne ich jemandem, der eine Beziehung zu mir herstellt. Wir können uns auch darauf einlassen, Dinge zu werden, wie Objekte zu funktionieren, Informationen auszutauschen, effektiv zu arbeiten ... Alles Formen von Resonanz. Doch die gelungenste von Resonanz zeugende Interaktionsform liegt dann vor, wenn wir bereit sind, auf die Stimme des anderen zu hören und unsere eigene vernehmbarer zu machen, damit diese Resonanz horizontal verläuft.

In diesem Sinne sind auch Politik und Demokratie Resonanzformen. Genauso wie Arbeit. Resonanz ist eng mit dem verbunden, was unserer Existenz zugrunde liegt. Ich glaube, dass jeder Mensch das Bedürfnis empfindet, sich seiner Weltbeziehung zu versichern. Aber nicht jeder verfügt über die Mittel, hierauf eine Antwort zu finden. Camus (und in geringerem Maße Nietzsche) schreibt, dass an der Quelle unserer Existenz ein Schweigen herrsche, das wir nicht zu verstehen vermögen, das uns aber auch nicht gleichgültig sein kann. Genauso wie bei Martin Buber lassen sich bei William James hochinteressante Überlegungen finden, die auf der Überzeugung (bzw. der Hoffnung) beruhen, dass es an der Quelle der Existenz Antworten geben könnte ... Deren Formen seien Religion, Natur, Kunst oder Geschichte.

N. W. Was Sie sagen, erscheint mir als eine besonders deutsche Art, Soziologie zu betreiben, insofern Sie eine existenzielle Komponente in die Beziehung des Subjekts zur Welt einbeziehen und dieser Beziehung eine zentrale Position zuweisen. In Weiterführung dieses Ansatzes möchte ich Ihnen eine andere Frage stellen, die sich auf das Lebenlernen bezieht. Sie sagen, wir leben in einer säkularisierten Gesellschaft, in der mittlerweile mehr vom Leben vor dem Tod als danach erwartet wird. Ich zitiere Sie: »Dieser Konzeption zufolge ist das gute Leben das erfüllte Leben, das heißt ein Leben, das reich an Erfahrungen und an ausgeschöpften Möglichkeiten ist.«[5] Heutige Individuen streben danach, »[d]as Leben in all seinen Zügen [...] auszukosten«.[6] Spiegelt eine solche Realität nicht eine Überbewertung des allein mei-

5 Rosa, *Beschleunigung und Entfremdung*, S. 39.
6 Ebd., S. 39 f.

nem eigenen Leben nutzenden Lernens im Unterschied zum Erlernen der Welt wider?

H. R. Genau. Die deutsche Sprache unterscheidet zwischen der Aneignung von Kenntnissen und ihrer Anverwandlung, die zu einer Transformation führt. Ich kann Kenntnisse erwerben, lernen, eine Maschine oder Programme zu benutzen. Auf dem Gebiet der Musik kann ich Variationen, Motive, Nuancen erkennen. Darin besteht die Aneignung von Kenntnissen, anders gesagt der Erwerb von Kompetenzen. Wenn ich mir Dinge aneigne, vermag ich sie zu kontrollieren.

Anverwandlung ist etwas ganz anderes. Sie führt zu einer Transformation. Um den Unterschied zu erfassen, genügt es, an Dichtung zu denken. Wie bei einem Musikstück kann ich mir die Interpretation eines Gedichts aneignen. Ich kann auch schnell feststellen, zu welcher literarischen Bewegung es zu zählen ist, aus welcher Epoche es stammt, wie seine Reime oder Verse aufgebaut sind, oder rhetorische Figuren in ihm ausfindig machen ... Doch damit es mich berührt, muss dieses Gedicht mir darüber hinaus etwas bedeuten, etwas mit mir machen. Es muss mir mit anderen

Worten eine neue Erfahrung erlauben, mir einen Horizont oder eine Beziehung zur Welt eröffnen, über den bzw. die ich vorher nicht verfügt habe. Das heißt, nach der Begegnung mit diesem Gedicht oder dieser Melodie bin ich auf eine andere Weise in der Welt präsent, ich habe mich transformieren lassen und bin teilweise zu jemand anderem geworden. Ich glaube, dass echte Bildungsprozesse auf der Basis von Anverwandlung so ähnlich verlaufen. Bei Anverwandlungsprozessen nehme ich Kontakt mit der Welt auf. Es ist, als würde ich mich mit ihr unterhalten. Sie wirkt auf mich ein, berührt und transformiert mich.

An den kulturellen Institutionen sieht man, welcher Stellenwert Aneignungsprozessen von Kompetenzen und dem Erwerb von Know-how eingeräumt wird. Sie erlauben es einem, Leistungen zu erbringen und auf Befehl Wissen abzurufen. Das Meistern von Aneignungsprozessen ermöglicht es einem zum Beispiel, erfolgreich eine Prüfung zu bestehen.

Die zu einer Transformation führende Anverwandlung ist ein ganz anderer Prozess, der immer etwas Nichtverfügbares und Nichtbeherrschbares einbezieht. Ich weiß nicht genau, wann er beginnt und was sein Ergebnis sein wird. Angenommen, eine Lehrkraft nimmt im Unterricht Literatur durch und eine solche Transformation tritt ein. Man weiß nicht genau, was die Schüler:innen damit anfangen werden, was dieser Moment ihnen bedeutet, wie lange er dauern und welche Früchte er tragen wird. Dies ist ein Beispiel für etwas, das ich als Resonanzprozess einordnen würde.

Erstens nimmt Resonanz Zeit in Anspruch. Zweitens weiß man nicht, was dabei herauskommen wird. Drittens muss man bereit sein, sich verwundbar, verletzlich zu machen, weil es sich um einen Prozess handelt, bei dem man sich öffnet für etwas, in das man sich einbringt. Ich glaube, dass bei der überwiegenden Zahl der Bildungsprozesse keine Begegnung mit der Welt erfolgt. Und zwar erst recht nicht, wenn ihr Vollziehen unter Optimierungszwang steht, wenn eine Qualitätsgarantie verlangt wird oder wenn man nachweisen muss, was da gerade zustande gekommen ist.

Damit die Schüler:innen im Zuge ihrer Ausbildung Resonanzprozesse erproben, müssen die Lehrkräfte den Wunsch hegen, sie im Innersten zu berühren; und die Schüler:innen müssen wiederum bereit sein und erwarten, dass sie eine interessante Erfahrung machen. In der Regel ist nun aber zu häufig das Gegenteil der Fall: Die Schüler:innen haben überhaupt keine Lust, dort zu sein. Ihre Blicke sind trüb und ihre Ohren taub; die Lehrkräfte habe jede Hoffnung aufgegeben, die Klasse im Rahmen eines Unterrichts zum Sprechen zu bringen, der die Schüler:innen hätte ansprechen sollen. Sie kämpfen gegen Widerstände.

Vibrierende Beziehungen, die uns dezentrieren

N.W. Was Sie mit diesem Beispiel aus dem schulischen Umfeld ansprechen, führt zum Kern unserer Überlegungen im Zusammenhang mit der gegenwärtigen Neugestaltung der Form unseres Miteinanders. Verändert der Eintritt in eine Beschleunigungsgesellschaft nicht die Art unseres Miteinanders und wie wir gemeinsam lernen? Sie schreiben zum Beispiel, wir träfen »so viele Menschen und lassen sie wieder zurück und etablieren ein so großes Netzwerk der Kommunikation, dass es unmöglich wird, zu allen oder auch nur den meisten eine emotionale Beziehung aufzubauen. Nur selten treffen wir Menschen, die wirklich unser ganzes biographisches Leben begleiten [...].«[7] Welches Verhältnis zum anderen führt die gegenwärtige Beschleunigung herbei? Zwingt sie nicht jeden von uns zu einer Form von überzogener Erwartung an sich selbst?

7 Ebd., S. 62.

H. R. Eine Instrumentalisierungs- bzw. Verdinglichungslogik ist tatsächlich sehr präsent in unseren Interaktionen mit den anderen und mit den Dingen. Diese laufen regelmäßig auf instrumentelle oder kausale Weise ab. Man kann sagen, dass wir normalerweise in bestimmten Hinsichten gar nicht lernen wollen, den anderen in all seinen Facetten zu erleben. Im wissenschaftlichen Kontext steht zum Beispiel der Austausch von Argumenten im Vordergrund. Genauso sind wir auf einem Tennisplatz ausschließlich Tennisspieler:innen. Sich als Menschen zu begegnen, nimmt viel Zeit in Anspruch. Häufig verpassen wir diese Erfahrung mangels Lust oder weil wir zum betreffenden Zeitpunkt nicht bereit sind, jemanden seine Lebensgeschichte erzählen zu hören. Meines Erachtens fällt dieses Phänomen noch nicht einmal unter Egoismus oder Egozentrismus, Weltverlust und Selbstverlust gehen immer Hand in Hand. Dieses Phänomen lässt sich allerdings bei Depressionszuständen oder einem Burnout gut beobachten. Die Betroffenen sagen, die Außenwelt komme ihnen tot, taub, leer und blass vor. Und sie fügen hinzu, dass sie sich in ihrem Inneren ebenfalls tot, taub, leer und blass fühlen.

Umgekehrt erwachen in dem Augenblick, in dem ich mich nicht nur in eine andere Person, sondern auch in einen Gedanken, eine Melodie oder eine Landschaft verliebe, beide Entitäten zum Leben. Ich habe den Eindruck, die Landschaft sei wunderschön; auf einmal höre ich die Vögel wieder singen, ich bemerke die Sonne und die Blumen. Auch in mir selbst scheint alles zu singen und zu sprechen. In diesem Sinne meine ich, dass Selbstverlust und Weltverlust eng zusammenhängen; aber alles kommt auf die Qualität der Beziehung an, die uns mit der Welt verbindet. Ich spreche gerne von vibrierender Resonanz, von einem vibrierenden Draht. Mir scheint, alle Menschen können dieses Bild verstehen. Ich habe manchmal das Gefühl, dergestalt mit der Welt verbunden zu sein, dass sie mich berührt, erreicht und innerlich bewegt.

Ich will nicht völlig pessimistisch klingen: Meiner Meinung nach sind die Menschen seit jeher resonanzbegabt. Alle haben diese Erfahrung gemacht und wissen, welche Antworten die Welt bereithält und wie sie eine wirkliche Begegnung möglich macht. Selbst wenn wir über alle Ressourcen der Welt verfügen, bei guter Gesundheit und reich sind, viele Bekannte und Beziehungen haben, können wir trotzdem das Gefühl haben, dass uns etwas fehlt. In diesem Zeitalter der Beschleunigung brauchen wir den anderen.

N. W. Lässt sich Resonanz erlernen?

H. R. Ich würde sagen, dass wir Resonanz nicht zu lernen brauchen, weil wir die Fähigkeit dazu bereits in uns haben. Dennoch rücken wir von ihr ab, wir lernen, uns in einer verdinglichten Welt zu entwickeln und die Dinge nicht mehr an uns heranzulassen. Wenn Sie zum Beispiel als Kleinkind ein Trauma erlitten oder schlimme und schmerzhafte Erfahrungen gemacht haben, könnte es sein, dass Sie eine Mauer um sich herum errichtet, sich einen Panzer zugelegt haben und nicht mehr berührt werden möchten, weil Kontakt das Risiko einer Verletzung birgt.

Warum kommt es etwa im Rahmen schulischer Erfahrungen so hartnäckig zur Reproduktion von Ungleichheiten? Warum sind die Kinder kulturell höherstehender Eltern wahrscheinlich ihrerseits gute Schüler:innen, und warum haben die Schüler:innen aus bildungsferneren Milieus geringere Aussichten, es zu werden? Weil die Schule für letztere ein Ort der Entfremdung ist: Diese Kinder machen hier möglicherweise die Erfahrung, weder gemocht noch geschätzt zu werden. Sie befinden sich in einem Raum, in dem sie keine Rolle spielen und nicht existieren können. Sie müssen Mathematik oder Geschichte belegen, aber unter Umständen spricht sie nichts von alldem an.

Normalerweise lernen wir das Gegenteil von Resonanz: Wir lernen zu verdinglichen. Beim Verdinglichen berühre ich nichts und lasse ich mich nicht berühren. Im Überwinden dieser Mauer der Empfindungslosigkeit, im sensiblen Reagieren auf andere Menschen, auf den Stoff einer Unterrichtsstunde und im erneuten Sich-Öffnen besteht die wahre pädagogische Herausforderung!

Von der Beschleunigung zur Großen Beschleunigung

N.W. Vielen Dank, Hartmut Rosa, dass Sie auf diese Weise mit der Resonanz auf eine der großen pädagogischen Herausforderungen der Gegenwart hinweisen.[8] Auch wenn Beschleunigung ein Problem ist, beschreiben Sie in *Resonanz* doch, dass Entschleunigung keineswegs die Lösung ist, sondern Resonanz als eine Weise des Miteinanders mit anderen und mit der Welt. Wenn wir auf die Wesenszüge der Gegenwart zurückkommen, stellen wir fest, dass eine dreifache Beschleunigung sie kennzeichnet, die Sie sehr gut analysiert haben: technische Beschleunigung, Beschleunigung des sozialen Wandels und Beschleunigung des Lebensrhythmus. Aber gibt es nicht noch eine vierte Beschleunigung, die »the Great Acceleration« genannt wird[9], die Große

8 Siehe hierzu auch Hartmut Rosa, Wolfgang Endres, *Resonanzpädagogik*, Weinheim, Basel: Beltz, 2016.

9 Will Steffen u. a., »›The Trajectory of the Anthropocene‹. The Great Acceleration«, in: *The Anthropocene Review*, Januar 2015, S. 1-18; Colin N. Waters u. a., »The Anthropocene is Functionally

Beschleunigung, die den Eintritt ins Anthropozän darstellt? Diese Große Beschleunigung besiegelt den Eintritt in eine neue geologische Epoche, für die anthropische Auswirkungen aufs Klima und auf die gesamte Biosphäre charakteristisch sind. Ist es nicht diese vierte Beschleunigung, die heute die tiefgreifendsten anthropologischen Folgeerscheinungen haben und jene Art des »Miteinanders« am grundlegendsten zu beeinträchtigen droht? Allgemeiner gesagt: Was denken Sie über unsere Beziehung zu dem, was »die Natur« genannt wird?

H. R. Das ist eine interessante Frage. Ich wäre geneigt zu sagen, dass diese Hypothese einer zu den dreien, die ich vorschlage, hinzukommenden vierten Beschleunigung mir plausibel erscheint. Geologische, biologische oder meteorologische Prozesse hat es immer gegeben, aber gegenwärtig bemerken wir, dass wir Einfluss auf sie nehmen. Manche von ihnen, wie etwa die klimatischen und die biogeochemischen Veränderungen, laufen mittlerweile viel schneller ab. Eine solche

and Stratigraphically Distinct from the Holocene«, in: *Science* 351 (2016), S. 137-147.

Beschreibung kann also in der Tat als Beschleunigung bezeichnet werden.

Ihre Bemerkung bringt uns auf die Frage unserer Beziehung zur Natur. Faktisch haben wir es im Moment mit einer Klimaerwärmung zu tun, die anthropischer Natur ist. Wir haben zu dieser Erwärmung beigetragen, und wir haben eine ganze Reihe von neuartigen Stoffen geschaffen, die Probleme aufwerfen. Wenn wir nun aber über die Natur nachdenken, fällt nicht alles, was gesagt wird, in den Bereich der Wissenschaft. Mir kommt es sogar so vor, als habe die Natur in bestimmten Hinsichten den Platz von Gott eingenommen. Im Mittelalter bestand die Reaktion der Bevölkerung auf Klimakatastrophen darin, dass sie sich vorwarfen, die Gesetze Gottes verletzt zu haben, der sie logischerweise dafür bestrafe. Heute wird genauso geredet. Wir denken, wir hätten uns gegenüber der Natur versündigt. Und das Erstaunlichste ist, dass wir immer noch damit rechnen, bestraft zu werden – mitunter wünschen wir uns das sogar. De facto gibt es keine Naturkatastrophe – kein Erdbeben, keinen Tsunami, keine Lawine und keinen Hurrikan –, die nicht mit Worten wie »Die Natur rächt sich« untermalt wird.

Interessanterweise begreifen wir also die Natur als etwas, das zu uns spricht.

Ich würde daher die folgende These vertreten: Die Moderne benötigt die Natur nicht nur als Ressource oder als Unterfutter der Welt, sondern auch als Resonanzsphäre, als etwas, das eine Art von Beziehung mit uns unterhält. Meines Erachtens sind die Ökologiebewegungen mit einem Verspüren des möglichen Verlusts der Natur als Resonanzsphäre verbunden – und darüber hinaus natürlich als auf die Umwelt bezogener Handlungsraum in der Hoffnung, den Lauf der Dinge umzukehren.

An unserer brutalen Herangehensweise an die Natur sind die Verdinglichungs- und Entfremdungsmechanismen unserer Gesellschaft durchaus wahrnehmbar. Unser Verhältnis zu Tieren ist in dieser Hinsicht höchst aufschlussreich, wenn man an die Experimente denkt, denen wir sie unterziehen, oder an die Massentierhaltung. Dass wir uns ohne jegliche Empathie ihnen gegenüber alles herausnehmen, ist eine perfekte Illustration von Verdinglichung. Mit unseren Haustieren läuft dagegen alles nach dem Modus der Resonanz ab.

Wir verdinglichen die Natur jedoch in vielerlei Hinsichten, ohne immer wahrzunehmen, wie sehr wir sie für unser Selbstverständnis als etwas brauchen, das eine organische Resonanzbeziehung mit uns unterhält. In den Sozialwissenschaften kann man mitunter erstaunt darüber sein, dass das Bewusstwerden des Ernstes der ökologischen Lage keinen Einfluss auf das menschliche Verhalten zu haben scheint. Ich erkläre das damit, dass wir die Natur als Ressource betrachten. Wir sollten sie jedoch eher als etwas betrachten, dessen wir von Grund auf bedürfen. Wenn wir diese Dimension unseres organischen Bandes mit ihr wiedergewännen, würden wir sie nicht mehr so erbarmungslos zerstören, wie wir es gerade tun. Es lohnt sich, diese Frage zu stellen.

Was können wir tun?

N. W. Jetzt habe ich noch einige politische Fragen, Hartmut Rosa! Was können wir tun? Wie nehmen Sie zunächst einmal das Projekt der Frankfurter Schule in der Gegenwart wahr, und worin besteht Ihrer Meinung nach die Aufgabe der Hochschullehrer:innen? Sollen sie normative Vorschläge machen, wenn sie über ebendiese Frage, was »getan werden muss«, nachdenken?

H. R. Manche Kolleg:innen meinen, die Soziologie untersuche die Gesellschaft, so wie die Astrophysik die Planeten und die Sterne untersucht. Ich teile diese Auffassung nicht ganz. Ich glaube, dass jedwede Gesellschaft einen Ort der Selbstreflexion braucht, auf dem kein Handlungsdruck lastet. Es ist nicht Aufgabe der Universität, Verbindungen zur Welt der Wirtschaft oder der Politik aufzunehmen. Gleichwohl soll sie von ihrer Beobachtungswarte aus Überlegungen anstellen. Sie soll eine Selbstreflexion betreiben, die unsere Analyse, was wir aus eigener Kraft hervorzubringen vermögen, voranbringt. Gesellschaften sind nicht nur vom Materiellen abhängig. Sie bilden sich auch durch ihr Vermögen zur Selbstanalyse und durch ihre Fähigkeit, einen intellektuellen und geistigen Horizont zu erschaffen.

Der Gedanke, dass wir auf diese Selbstanalyse verzichten könnten, ist aus mindestens drei Gründen problematisch, die man auf bildhafte Weise unter Rückgriff auf ein mythisches Geschöpf aus der Vogelwelt beschreiben könnte. Soziologie oder Sozialphilosophie, die meiner Meinung nach zusammenarbeiten sollten, lassen sich mit einer Art dreiköpfigem Vogel vergleichen.

1. Der erste Vogel ist der, den Hegel »Eule der Minerva« nennt. Sie erzählt Geschichten. Wir verfassen Narrative darüber, was die Moderne ist und was sie hervorbringt (zum Beispiel entwickeln wir ein Narrativ über die Beschleunigung).

2. Der zweite Vogel ist eine jener kapitolinischen Gänse, welche die Römer vor dem Angriff ihrer Feinde gewarnt haben. Als diese eintrafen, weckte das Schnattern der Gänse die Römer, sodass sie die Kombattanten zurückdrängen konnten. Die Sozialwissenschaften können zum Scheitern verurteilte Entwicklungen und Pathologien erkennen und beleuchten, bevor diese sich zu Ka-

tastrophen entwickeln. Gemeinsam mit meinen Kolleg:innen in Jena versuche ich zu zeigen, dass jenes dynamische Stabilisierungsprogramm in sich widersprüchlich ist und ernsthafte Probleme aufwirft. Den Sozialwissenschaften kommt die Rolle der Warnerin zu. Ich versuche, diese Rolle mit Hilfe der Desynchronisation auszufüllen; die erhöhte Geschwindigkeit der technischen und wirtschaftlichen Produktion verursacht Umweltprobleme. Wir haben es mit einer Desynchronisation zu tun: Die Natur bewegt sich zu langsam, und wir bewegen uns zu schnell. Eine solche Desynchronisation ist problematisch, denn aus ihr erwächst auch ein Problem für die Demokratie. Demokratie ist ein zeitraubendes Verfahren, bei dem es nicht nur um das Treffen von Entscheidungen, sondern auch um die Schaffung einer Resonanzsphäre geht, in deren Rahmen die Stimmen vernehmbar werden und man sich in einen Dialog einbringen kann, um das Gemeinwesen zu transformieren. Das Grundversprechen der Demokratie macht einen politischen Selbstbestimmungsprozess erforderlich, der sich über lange Zeit entwickelt. Wenn wir nun aber nicht mehr über diese Zeit verfügen, folgt daraus Entfremdung in der politischen Sphäre. Und hier kommt die kapitolinische Gans ins Spiel. Heutzutage ist es nicht besonders schwierig, diese Funktion zu erfüllen: Zahlreiche Menschen mit ganz unterschiedlichem Hintergrund warnen vor den Irrwegen der Moderne.

3. Die entscheidende Frage ist, ob es uns gelingt, außerdem eine Art Phönix zu sein, der uns eine Vorstellung davon vermitteln würde, was ein gutes Leben sein könnte, und der uns einen Weg vorschlagen würde, auf dem wir uns engagieren möchten. Dieser Punkt ist wirklich komplex; er bereitet uns allen eine ganze Reihe von Schwierigkeiten.

Was mir für die kritische Theorie der Frankfurter Schule wesentlich zu sein scheint, ist die Wahrnehmung, dass etwas mit der Art und Weise unseres In-der-Welt-Seins nicht stimmt. Angefangen hat alles mit Karl Marx. Mit dem Begriff der »Entfremdung« meinte der junge Marx, dass unsere Umgangsweise uns mit den menschlichen Aktivitäten entfremdet, dass wir durch sie den Bezug zur Arbeit, zu den anderen Menschen, zur Natur und schließlich zu uns selbst verlieren. Dieser Gedanke ist in der Tradition der Frankfurter

Schule mit großem Nachdruck wieder aufgegriffen worden, vor allem von Herbert Marcuse und Erich Fromm im Zuge der Ausweitung der Entfremdungsprozesse. Und ebendiese Entfremdung versuche ich als Resonanzverlust zu beschreiben. Doch die Entfremdung geht auch mit Verdinglichung einher, die darin besteht, die Natur in ein Ding zu verwandeln, insbesondere in ein taubes Ding. Herbert Marcuse prangert den Prometheismus an, Theodor W. Adorno und Max Horkheimer kritisieren, dass wir die Dinge unter unsere Kontrolle bringen wollen. Nach meinem Eindruck laufen all diese Thesen mehr oder weniger auf den Befund hinaus, dass die Welt taub und stumm wird. Auf der Grundlage dieses Befunds entwickelt Adorno die alternative Vorstellung einer mimetischen Beziehung zur Welt, eher einer schweigenden Nachahmung als einer Kontrollbeziehung. Marcuse schlägt wiederum eine erotische Beziehung zur Welt vor, die weder nach deren Kontrolle noch nach ihrer Verdinglichung strebt. Und bei Walter Benjamin findet sich die Idee einer Aura, einer auratischen Beziehung zur Welt (und ehrlich gesagt ist nicht vollkommen klar, was er damit meint).

Letzten Endes würde ich sagen, dass die Denker der Frankfurter Schule nur vage, auf der Konzeption von mimetischen, erotischen oder auratischen Beziehungen zur Welt beruhende Vorschläge entwickeln. Auch Max Weber spricht von einer charismatischen Beziehung, aber sie ist ebenfalls ziemlich unklar.

Mit dem Begriff der Resonanz wollte ich eine Modalität von Weltbeziehung vorschlagen: Ein gelungenes Leben ist ein Leben, das in einer Resonanzbeziehung mit der Welt und mit den anderen steht. Dieser Vorschlag hat mir in Deutschland viel Kritik eingetragen. Manche meinen, die kritische Theorie der Frankfurter Schule entwickle einen unversöhnlichen Gegensatz zu unseren bestehenden, stark vom Kapitalismus geprägten Lebensbedingungen, aber ein solcher Gegensatz reiche nicht aus. Es sei leicht, nein zu sagen und seine Gesprächspartner schnell davon zu überzeugen, dass etwas nicht stimme. Wir bräuchten einen Leitfaden, wie sich eine neue und bessere Welt herbeiführen ließe. Hans Blumenberg erklärt, dass die Moderne uns in gewisser Weise enttäuscht habe und dieses Gefühl sich ausbreite. Das stelle ich zum Beispiel bei den

Forscher:innen fest: Was geschieht, ist nicht, was uns versprochen worden ist. Deshalb meint Blumenberg, wir sollten einen Schritt zurück gehen; ich finde seine Theorie sehr richtig und gut formuliert. Doch was haben wir uns eigentlich erhofft? Worin bestanden das Versprechen und das Streben, die uns beseelt haben?

Die Gegenwart ist von Unverständnis geprägt. Es fällt uns schwer, es mit dem, was wir verloren haben, in eine Beziehung zu setzen. Der Begriff der Resonanz soll inmitten eines Gefühls von Hilflosigkeit Verstehenspfade bahnen. Der amerikanische Literaturprofessor Fredric Jameson schreibt, es sei erstaunlich, dass es in unserer Epoche so viele Narrative rund um Themen wie die Apokalypse, den Weltuntergang, die Umwelt- und Atomkatastrophen, die Kriege, wirtschaftlichen Zusammenbrüche und unzählige weitere Dinge gebe ... – und dass niemand sich ausmale, welche Richtung man für ein besseres Leben einschlagen müsse! Meines Erachtens ist das so, weil die vorgeschlagene Alternative immer mit der Frage verbunden ist, was wir unter unsere Kontrolle bringen können. Es bereitet uns große Schwierigkeiten, diesem prometheischen Reflex zu entkommen. Der eigentliche Ausgangspunkt der Revolution, die wir benötigen, liegt in diesem Ausstieg aus den prometheischen Bedingungen. Und zwar gerade in der Politik.

N. W. Was Sie mit jenem Begriff der Resonanz entwickeln, scheint mir auf paradigmatische und tiefgreifende Weise mit dieser prometheischen Wurzel zu brechen. Wenn ich Sie recht verstehe, handelt es sich darum zu lernen, der Welt zuzuhören, anstatt nach ihr zu greifen und Hand an sie zu legen. Was sollen wir in unserem Leben ändern, um diesbezüglich Fortschritte zu machen? Wie können wir nach und nach den sozialen Raum verändern und einen kollektiven, verheißungsvollen Horizont eröffnen?

H. R. Eine bessere Welt ist möglich. Dafür müsste ein Übergang von einer auf Verfügungsgewalt über die Dinge und Kontrolle über sie zielenden Weltbeziehung zu einer Haltung gegenüber der Welt erfolgen, deren Hauptcharakteristikum im Zuhören besteht. Auf den letzten Seiten endet *Resonanz* damit. Wir müssen lernen, der Welt zuzuhören, sie neu wahrzunehmen und ihr zu antworten. Das ist etwas ganz anderes, als über sie zu verfügen.

In einer Rezension von *Resonanz* hat ein Kollege geschrieben, er schätze das Buch, finde aber den Schluss enttäuschend, weil er naiv sei und in Bezug auf das Handeln letzten Endes nichts dabei herauskomme. Für mich liegt nun aber die Lösung genau darin: Wir müssen im Hinblick auf unsere Herangehensweise an die Welt eine andere Haltung einnehmen. Wenn nicht, werden wir uns um immer dieselbe Frage im Kreis drehen: »Welche Reformen benötigen wir?«

Eine Weltbeziehung nach dem Modus der Resonanz ist immer offen. Wenn dieser Gedanke sich als richtig erweist, ist davon kein vollendeter Reformplan für unsere Institutionen usw. zu erwarten. Mein einziger institutioneller Vorschlag wäre ein bedingungsloses Grundeinkommen, eine Art von Minimal- oder Mindesteinkommen.

N. W. Diese Idee macht tatsächlich immer mehr von sich reden. Inwiefern erscheint ein solcher Vorschlag Ihnen sachdienlich?

H. R. Dank eines ausgefeilten Sozialsystems verhungert normalerweise in Deutschland oder Frankreich niemand mehr – was in vielen anderen Ländern auf der Welt nicht der Fall ist. Doch was wir jenen Nutznießerinnen und Nutznießern des Sozialsystems gewähren, sind Almosen. Wir übermitteln ihnen damit die Botschaft, dass sie nicht wettbewerbsfähig seien und keinen Platz in der Gesellschaftsordnung hätten. Dass sie in dieser Gesellschaft keine Position innehaben, über keinen sozialen Status verfügen und keine Anerkennung erfahren. Und etwas anderes auch nicht verdient hätten. Dies ist nicht nur ein Problem für die Sozialhilfeempfänger:innen, sondern auch für alle anderen Menschen, weil wir das Gefühl haben, dass wir den Boden unter den Füßen verlieren und in den sozialen Tod abgleiten könnten, wenn wir in diesem Konkurrenzsystem nicht bestehen. Solch ein sozialer Tod ist ein gigantisches gesellschaftliches Problem. Ein bedingungsloses Mindesteinkommen würde ein Sicherheitsnetz für alle einführen. Es würde uns alle vor dem Abgrund bewahren. Unsere materiellen Lebensbedingungen wären gesichert, und wir hätten diese existenzielle und materielle Angst nicht mehr.

Eine solche Maßnahme würde zur Schaffung der Bedingungen für ein anderes In-der-Welt-Sein beitragen, und man könnte sich auf andere Weise in die Beziehungen zu den anderen einbringen.

N. W. Worin besteht die Funktion der Hochschulen im Zuge dieser politischen Überlegungen? Besteht sie in der Lehre von kritischem Denken oder in der Beteiligung an einer Wiederverzauberung?

H. R. Mir ist aufgefallen, dass meine Überlegungen im Zusammenhang mit der Beschleunigung häufig in der Welt der Politik auf Interesse gestoßen sind. So hat der Schweizer Bundespräsident sich im Rahmen seiner Initiativen zur »Zeitpolitik« auf mich berufen. Dasselbe ist anschließend bei den deutschen Grünen geschehen. Doch gelingt es den Politiker:innen nicht, aus der Doppellogik von dynamischer Stabilisierung und Verdinglichung der Welt herauszukommen. Sogar die deutschen Grünen, die das Wachstum kritisiert haben, sagen, wir bräuchten Wachstum und Leistungssteigerung. Dagegen bricht der Gedanke sich Bahn, dass es ein Problem gibt und es nach wie vor gilt, dafür alternative Lösungen zu finden.

Wir müssen »Zeitpolitik« zu unserem Anliegen machen, sie als ein vom Wirtschaftswachstum losgelöstes Gebiet betrachten. Unsere Aufgabe besteht darin, über die Frage eines nicht der Wirtschaft und der Technik unterworfenen, durch einen paradigmatischen Wandel gekennzeichneten sozialen Fortschritts nachzudenken. Dabei spielen die Hochschulen durchaus eine Rolle.

Den Kapitalismus hinter sich lassen

N.W. Wir haben die Frage der Beziehung der gegenwärtigen Gesellschaften zur Natur angesprochen. Lassen Sie uns mit der Frage unserer Beziehungen zu den anderen fortfahren und damit schließen, wie wir uns auf der Grundlage Ihres Begriffs der Resonanz »vergesellschaften« und dieses »Miteinander« gedanklich erfassen können. Wie hat man sich einen von der Aufmerksamkeit für den anderen, von Gastfreundschaft und kollektivem Wagnis geprägten sozialen Raum vorzustellen? Wie lässt sich solch ein eher einer Ethik der Gastfreundschaft zuneigendes kollektives Wagnis abseits von der vorherrschenden individualistischen Ethik denken und möglich machen? Auf politisch-ökonomische Weise könnte man diese Frage folgendermaßen formulieren: Sind wir zu einem Leben in einer zutiefst durch die Logik der Beschleunigung geprägten kapitalistischen Gesellschaft verurteilt? Oder ist es möglich, den Kapitalismus und seine Beschleunigung hinter sich zu lassen?

H. R. Der Kapitalismus ist keine Naturgegebenheit! Es hat durchaus nichtkapitalistische Zivilisationen gegeben. Der entscheidende Punkt am Kapitalismus ist die besagte dynamische Stabilisierung. Der Kapitalismus beruht auf einer Logik, der zufolge man ab dem Moment Geld investiert, wo dieses Geld eigentlich noch mehr Geld einbringen soll. Der überwiegende Teil der uns bekannten kulturellen Güter hat sich auf andere Weise stabilisiert. Aber Stillstand ist kein gutes Programm für eine Gesellschaft. Gesellschaften müssen sich wandeln und transformieren – was ich »adaptive Stabilisierung« nenne. Alle uns bekannten präkapitalistischen Gesellschaften haben entweder zufällig Neuerungen eingeführt oder weil ihre Umwelt sich verändert hatte (die Ressourcen schwanden, das Klima wandelte sich, es herrschten Dürreperioden oder Hungersnöte, ein Krieg brach aus). Dass man die Zahl der Neuerungen systematisch erhöhen, über neue Dinge verfügen oder immer mehr haben möchte, liegt nicht in der Natur des Menschen.

Was Menschen benötigen, ist ihnen bewusst. Zum Beispiel brauche ich eine neue Hose, weil meine alte Löcher hat. Als Erstes werde ich versuchen, sie zu flicken; wenn das Flicken nichts hilft, werde ich mir anschließend eine neue, fast identische nähen. Auf diese Weise verfahren nahezu alle Kulturen auf der Welt. Die Vorstellung, dass ich eine neue, schönere und bessere Hose besitzen könnte, ist typisch für die Moderne. Sie steht in keinem intrinsischen Zusammenhang mit der Natur des Menschen.

Der Kapitalismus lebt nun aber von diesem Steigerungsprogramm. Deshalb muss er sich langfristig ändern. Es ist nötig, dass das Wirtschaftssystem der Zukunft sich erstens für die Märkte interessiert (für dasselbe Verhältnis von Angebot und Nachfrage, wie wir es kennen); zweitens eine Form von Wettbewerb einführt, die zum Erreichen ihrer Ziele zusätzliche Energie und Wirkkraft freisetzt; und drittens diese beiden Komponenten mit dem Begriff globaler Verantwortung verknüpft. Wir müssen uns bewusst machen, dass unser Tun und Treiben eine Form von Mitverantwortung nach sich zieht. Wir sind für die Menschen verantwortlich, die am anderen Ende der Welt ein T-Shirt nähen, für die Treibhausgase usw. In Bezug auf das Klima und all diese globalen Faktoren fühlen wir uns überfordert und mutlos. Doch sind wir nicht als Einzelindividuen verantwortlich, unsere Verantwortung schreibt sich in einen Zusammenhang ein, sie verweist auf eine Mitverantwortung. Manchmal hört man jemanden sagen: »Das ist das Problem der Menschen in Bangladesch, sie müssen selbst für ihren Unterhalt sorgen.« Ein solcher Satz zeugt von einer Härte im Hinblick auf die Weltbeziehung des Sprechers, deren Begrenztheit auch seiner Weltbeziehung Grenzen setzt. Wir müssen die Vorstellung jener unabweislichen Beziehung wiedergewinnen, die uns miteinander vereint. Wir teilen alle dieselbe Welt. Sie darf nicht nur für einen von uns Früchte tragen. Wir haben das Bewusstsein für unser Einwirkungsvermögen auf die Welt verloren. Wir können die Welt gemeinsam gestalten und gemeinsam auf sie einwirken. Durch unsere Beziehungen untereinander besitzen wir diese Möglichkeit. Die letzte große Bewegung, die sich auf das Zusammenleben ausgewirkt hat, war die Revolution im Mai 1968. Es ist kein Zufall, dass es sich dabei (mit Woodstock und anderen Musikveranstaltungen) auch um eine große musikalische Revolution gehandelt hat. Die musikalische Erfahrung und die gemeinsamen Songs waren verbindende Elemente. Viele Teilnehmer:innen an Woodstock sagten, sie seien überzeugt gewesen, dass sie die Welt verändern könnten und die Zukunft sie mit offenen Armen empfangen würde. Jedenfalls geschah dies nach dem Modus der Resonanz. Möglicherweise brauchen wir eine musikalische Revolution …

N. W. Eine musikalische Revolution! Soll das heißen, dass man die Dinge nur voranbringt, wenn man einen Schritt zur Seite macht und über Umwege zur Politik gelangt?

H. R. Darauf lässt sich nicht leicht eine gute Antwort finden. Wir sind alle etwas ratlos, wenn wir uns die politischen Fragen näher ansehen und versuchen, uns auf die Zukunft einzustellen. Meiner Meinung nach wird die Revolution nicht auf kognitive Weise durch das Denken in Gang gesetzt werden, und ich gebe Ihnen recht, dass die Dinge nur langsam vorangebracht werden können.

N. W. Es könnte sein, dass etwas ganz anderes passiert, als wir zu erfassen, uns auszumalen oder vorherzusehen vermögen. Jedes Mal, wenn wir etwas antizipieren, versuchen wir genau das, was Sie anprangern: die Welt unter unsere Kontrolle zu bringen. Gleichzeitig liegt es trotzdem in unserer Verantwortung, uns auf die Zukunft einzustellen. Als es Abraham Lincoln am 31. Januar 1865 gelang, dass im Repräsentantenhaus für die Abschaffung der Sklaverei votiert wurde, war er sich bewusst, einen historischen, die Zukunft prägenden politischen Akt zu vollziehen. Er hatte ein einfaches und eindeutiges Ziel. Die postmoderne Gegenwart ist äußerst komplex, und wir tun uns schwer, Handlungsprioritäten in Gedanken zu fassen und zu entwickeln. Was sollen wir tun? Wie können wir uns auf eine Zukunft, an die wir in der Regel nicht mehr glauben, einstellen und sie möglich machen?

H. R. Gewiss fällt es uns schwer, uns auf Prioritäten festzulegen. Die Entscheidungsfindung bereitet uns echte Schwierigkeiten. In Anbetracht einer großen Zahl von Fragen ist es nicht leicht, die richtigen Unterscheidungskriterien zu bestimmen. Zu weiten Teilen des 20. Jahrhunderts haben wir auf relativ einfache Weise über die Dinge nachgedacht. In der Politik gab es rechts wie links Vorstellungen, was moralisch richtig sei und worin die richtige Lösung bestände. Hinsichtlich der Frage der Atomenergie, der Einmischung in diesen oder jenen Konflikt ... konnten die Positionen beider Seiten scharf voneinander abweichen. Gegenwärtig verfügen wir nicht über eindeutige Kriterien, und es fällt uns schwer, Entscheidungen zu treffen.

Doch um Ihre Frage, was wir tun sollen, aufzugreifen: Mir scheint, wir müssen lernen, eben die dieser Frage zugrundeliegende Einstellung in den Griff zu bekommen. Ich persönlich denke – auch wenn mir sehr wohl bewusst ist, dass es sich nicht um eine perfekte Antwort handelt –, dass wir zunächst einmal zuhören müssen. Anschließend könnten wir, aber nur aus der Aufmerksamkeit heraus, die wir der Präsenz des anderen zu schenken vermögen, versuchen, detaillierter auf die Umstände eingehende Lösungen zu finden und mit neuen Formen des Zusammenlebens zu experimentieren.

Was müssen wir in den nächsten Jahren lernen? Zuzuhören und die Beziehung zu den anderen und zur Welt wiederaufzunehmen. Als Erstes müssen wir klären, in welcher Beziehung wir zu den anderen und zur Welt stehen wollen.

Bibliographie

Hannah Arendt, »Die Krise der Erziehung« (1958), in: Ursula Ludz (Hg.), *Zwischen Vergangenheit und Zukunft. Übungen im politischen Denken I. Texte aus den Jahren 1954-1964*, München: Piper, [2]2000, S. 255-276.

Armen Avanessian, »Accélérer l'université«. Aus dem Deutschen von Gilles Darras, in: Laurent de Sutter (Hg.), *Accélération!*, Paris: Presses universitaires de France, 2016, S. 225-251.

Hartmut Rosa, *Beschleunigung. Die Veränderung der Zeitstrukturen in der Moderne*, Frankfurt/M.: Suhrkamp, 2005.

–, *Beschleunigung und Entfremdung. Entwurf einer kritischen Theorie spätmoderner Zeitlichkeit* (2010). Aus dem Englischen von Robin Celikates, Berlin, [5]2016.

–, *Resonanz. Eine Soziologie der Weltbeziehung*, Berlin: Suhrkamp, 2016.

Hartmut Rosa, Wolfgang Endres, *Resonanzpädagogik*, Weinheim, Basel: Beltz, 2016.

Nick Srnicek/Alex Williams, »#Accelerate. Manifest für eine akzelerationistische Politik«. Aus dem Englischen von Samir Sellami und Frederik Tidén, in: Armen Avanessian (Hg.), *#Akzeleration*, Berlin: Merve, 2013, S. 21-39.

Will Steffen u.a., »›The Trajectory of the Anthropocene‹. The Great Acceleration«, in: *The Anthropocene Review*, Januar 2015, S. 1-18.

Colin N. Waters u. a., »The Anthropocene is Functionally and Stratigraphically Distinct from the Holocene«, in: *Science* 351 (2016), S. 137-147.